BEI GRIN MACHT SICH IHR WISSEN BEZAHLT

- Wir veröffentlichen Ihre Hausarbeit, Bachelor- und Masterarbeit

- Ihr eigenes eBook und Buch - weltweit in allen wichtigen Shops

- Verdienen Sie an jedem Verkauf

Jetzt bei www.GRIN.com hochladen und kostenlos publizieren

Bibliografische Information der Deutschen Nationalbibliothek:

Die Deutsche Bibliothek verzeichnet diese Publikation in der Deutschen National-
bibliografie; detaillierte bibliografische Daten sind im Internet über http://dnb.d-
nb.de/ abrufbar.

Impressum:

Copyright © 2017 GRIN Verlag, Open Publishing GmbH
Druck und Bindung: Books on Demand GmbH, Norderstedt Germany
ISBN: 9783668514508

Dieses Buch bei GRIN:

http://www.grin.com/de/e-book/370204/beweglichkeits-und-koordinationstraining-
fuer-einen-studenten-mit-rueckenschmerzen

Gregor Becker

Beweglichkeits- und Koordinationstraining für einen Studenten mit Rückenschmerzen

GRIN Verlag

GRIN - Your knowledge has value

Der GRIN Verlag publiziert seit 1998 wissenschaftliche Arbeiten von Studenten, Hochschullehrern und anderen Akademikern als eBook und gedrucktes Buch. Die Verlagswebsite www.grin.com ist die ideale Plattform zur Veröffentlichung von Hausarbeiten, Abschlussarbeiten, wissenschaftlichen Aufsätzen, Dissertationen und Fachbüchern.

Besuchen Sie uns im Internet:

http://www.grin.com/

http://www.facebook.com/grincom

http://www.twitter.com/grin_com

Deutsche Hochschule für Prävention und Gesundheitsmanagement

Einsendeaufgabe

Fachmodul: Trainingslehre III

Studiengang: Fitnessökonomie

Datum
Präsenzphase: 8.05.2017 - 10.05.2017

Name, Vorname: Becker, Gregor

Studienort: Stuttgart

Semester: Wintersemester

Inhaltsverzeichnis

1 Personendaten

Tabelle 1: Personendaten

Paramater	Daten	Bewertung
Alter	26 Jahre	Erwachsen
Geschlecht	männlich	
Körpergröße	181 cm	
Körpergewicht	96 kg	BMI (kg/m²) =29,3 kg/m² Laut WHO: Übergewicht. Proband ist aufgrund des geringen KFA nicht als übergewichtig einzustufen.
KFA	13,8 % BIA- Messung	Normal
Trainingsmotive	- Verbesserung der Schulterbeweglichkeit. - Beseitigung von LWS Rückenschmerzen durch Dehnen der ischiocrural Muskulatur, M. Gluteus Maximus, M. Iliopsoas, M. erector Spinae und M. rectus abdominis.	Muskuläre Dysbalance aufgrund von sitzender Tätigkeit in M. Ischiocrural, M. Illiopsoas sowie M. rectus abdominis. Mangelnde Schulter Mobilität wahrscheinlich aufgrund muskulärer dysbalancen in M. pectoralis major und Rotatorenmannschette. Bewegung im Training und der Arbeit über die nicht vollständige Bewegungsamplitude kann auch als Grund für Mobilitätsdefizit gesehen werden.
Berufliche Tätigkeit	Student, Aushilfe im Lager	Meist sitzend, Lagerarbeit körperlich fordernd.
Sportliche Aktivität	Aktuell: 5-6 x Woche Kraftsport, Powerlifting Früher: 2-3 x Woche Fußball	Sehr aktiv.
Zeitlicher Verfügungsrahmen	2-3 x Woche	
Gesundheitszustand	Keine orthopädischen oder internistischen Probleme	Gesund

2 Beweglichkeitstestung

Zur Überprüfung von Muskelschwächen und Beweglichkeitsdefiziten wird ein vereinfachtes Modell des Muskelfunktionstests nach Janda (2000) durchgeführt, der als Basis für die anschließende Planung des Beweglichkeitstrainings dient. Für ein annähernd objektives Testergebnis sollte ein erfahrener Testleiter an der Durchführung beteiligt sein. (vgl. Eifler, 2016, S. 49)

Tabelle 2: Beweglichkeitstestung

Überprüfte Muskulatur	Test Beschreibung	Testergebnis & Normwerte
Brustmuskulatur (M.pectoralis major)	Proband liegt in Rückenlage und mit angewinkelten Beinen (Füße liegen auf) auf einer Behandlungsliege. Tester fixiert Thorax durch leichten Zug mit dem Unterarm. Testarm ist im Schultergelenk abduziert und außenrotiert, Ellenbogengelenk ist 90° gebeugt. Die Position des Oberarms zur horizontalen dient als Messbereich. Hyperlordose oder anheben des Beckens verfälschen Testergebnisse.	Stufe 0: Kein Beweglichkeitsdefizit. Oberarm erreicht die horizontale, durch leichten Druck des Testers auf den Ellenbogen lässt sich Oberarm unter die horizontale bewegen. Stufe 1: Leichte Beweglichkeitsdefizite. Oberarm erreicht die horizontale nur durch leichten Druck des Testers. Stufe 2: Deutliche Beweglichkeitsdefizite. Auch durch Druck des Testers erreicht Oberarm die horizontale nicht. Ergebnis: Linker Arm Stufe 1 Rechter Arm Stufe 0
Hüftbeugemuskulatur (M. iliopsoas)	Proband liegt rücklings auf Behandlungsliege, Gesäß schließt mit Liegenrand ab, Beine hängen über. Ein Bein wird angewinkelt und von der Testperson maximal an Körper herangezogen, anderes	Stufe 0: Kein Beweglichkeitsdefizit. Oberschenkel erreicht horizontale, durch leichten Druck des Testers unter horizontale. Stufe 1: Leichte Beweglichkeitsdefizite. Oberschenkel

4

		Bein ist weiterhin im Überhang. Gemessen wird Hüftbeugewinkel, pos. Oberschenkel zu Körperlängsachse.	erreicht horizontale nur durch leichten Druck des Testers. Stufe 2: Deutliche Beweglichkeitsdefizite. Oberschenkel erreicht horizontale auch durch Druck des Testers nicht. Ergebnis: Linkes Bein: Stufe 1 Rechtes Bein: Stufe 1
Kniestreckmuskulatur (M. rectus femoris)		Proband liegt rücklings auf Behandlungsliege, Gesäß schließt mit Liegenrand ab, Beine hängen über. Ein Bein wird angewinkelt und von der Testperson maximal an Körper herangezogen, Tester fixiert Gegenbein im maximalen Hüftextensionswinkel und führt dieses in max. möglichen Kniebeugewinkel. Gemessen wird Winkel zwischen Ober- und Unterschenkel (Kniebeugewinkel). Beckenabheben oder Hyperlordose in LWS verfälschen Ergebnisse.	Stufe 0: Keine Beweglichkeitsdefizite. Unterschenkel hängt senkrecht herab, durch leichten Druck lässt sich Kniebeuge vergrößern. Stufe 1: Leichte Beweglichkeitsdefizite. Unterschenkel ist leicht nach vorn gestreckt, 90° Kniebeugewinkel lässt sich durch leichten Druck erreichen. Stufe 2: Deutliche Beweglichkeitsdefizite. Unterschenkel ist deutlich nach vorn gestreckt, 90° Kniebeugewinkel ist auch durch Druck des Testers nicht erreicht. Ergebnis: Linkes Bein: Stufe 1 Rechtes Bein: Stufe 0
Kniebeugemuskulatur (Mm. ischiocrurales)		Proband liegt in Rückenlage und mit einem angewinkelten Bein auf Behandlungsliege. Bei gestrecktem Kniegelenk und freier Patella wird das Testbein vom Tester in max. mögliche Huftflexion geführt. Gemessen wird Hüftbeugewinkel zwischen Beinachse und Longitudinalachse. Hy-	Stufe 0: Kein Beweglichkeitsdefizit. Hüftgelenksflexion ist im Ausmaß von 90° möglich. Stufe 1: leichte Beweglichkeitsdefizite. Hüftgelenksflexion ist im Ausmaß von 80-90° möglich. Stufe 2: Deutliche Beweglichkeitsdefizite. Hüftgelenksflexion ist nur unter 80° möglich.

5

	perlordose oder abheben des Beckens verfälschen Testergebnisse ebenso muss Testbein gestreckt bleiben.	Ergebnis: Linkes Bein: Stufe 1 Rechtes Bein: stufe 1
Wadenmuskulatur (Mm. triceps surae)	Proband liegt in Rückenlage, Testbein gestreckt, auf einer Behandlungsliege. Das andere Bein steht gebeugt mit dem Fuß auf der Behandlungsliege. Unterschenkel distal Hälfte ragt über Liege heraus, Tester greift Fersenbein distal und mit der anderen Hand den Fuß von der Fußaußenkante her. An Ferse übt Tester Zug distalwärts aus, Vorfuß wird mit leichtem achsengerechtem Druck, mit Hilfe des Daumens, Richtung Schienbein gelenkt (max. Dorsalextension). Zur isolierten Überprüfung des M. soleus wird bei max. Dorsalextension das Kniegelenk gebeugt, Tester versucht Bewegungsausmaß zu vergrößern. Testergebnis kann verfälscht werden, wenn Druck auf Fußmitte ausgeübt wird, reflektorische Anspannung Mm. triceps surae.	Stufe 0: Kein Beweglichkeitsdefizit. Dorsalextension ist mindestens zur 0° Stellung möglich. Stufe 2: Leichte Beweglichkeitsdefizite. Dorsalextenion zur 0° Stellung nicht möglich. Stufe 2: Deutliche Beweglichkeitsdefizite. Dorsalextension ist nur zu 10° unterhalb 0° Stellung möglich. Ergebnis: Linkes Bein: 0 Rechtes Bein: 0

2.1 Bewertung der Testergebnisse

Proband zeigt keine Beweglichkeitsdefizite in der Kniestreckermuskulatur oder der Wadenmuskulatur. Leichte Beweglichkeitsdefizite sind in der Hüftbeugemuskulatur, der Ischiocruralmuskulatur und der Brustmuskulatur links vorhanden. Aufgrund des einseitigen Krafttrainings und der Vernachlässigung des Dehnens und muskulärere

Dysbalancen werden diese Defizite als Ursache für die leichten Schmerzen im unteren Rücken und der leichten Immobilität der Schulter ausgemacht.

3 Trainingsplanung Beweglichkeitstraining

Tabelle 3: Beweglichkeitstraining

Dehnübung	Beschreibung	Dehnmethode/ Arbeitsweise	Belastungsgefüge
Schultermuskulatur (M. deltoideus Rotatorenmanschette: M. supraspinatus, M. subscapularis, M. infraspinatus, M teres minor).	Proband liegt seitlich auf Gymnastikmatte. Unterer Arm wird 70° abduziert und ist im Ellenbogengelenk 90° gebeugt, Schulterblätter werden zusammengezogen. Proband greift mit oberem Arm über den unteren und fasst Ellenbogen mit der Hand. Proband drückt aktiv mit oberem Arm, untern Richtung Boden. Schulterblätter müssen fixiert bleiben.	Passiv; statisch	3 x Woche beidseitig 3 Sätze à 45sek. Dehngrenze
Brustmuskulatur (M. pectoralis major)	Proband steht, beide Arme sind 90° abduziert und ca.100° im Ellenbogengelenk gebeugt. Proband zieht Arme durch Kontraktion der Rückenmuskulatur nach hinten, bis Zug auf Brust spürbar ist und hält Position.	Aktiv; statisch	3 x Woche 3 Sätze à 45sek. Dehngrenze

Nackenmuskulatur (M. trapezius)	Proband steht, Handflächen sind am Körper. Eine Hand wird über Kopf geführt und greift Kopf oberhalb des Ohres. Der Kopf wird mit Hilfe der Hand vorsichtig zur Seite gezogen, bis Zug auf M. tarpezius entsteht. Schultern müssen unten bleiben.	Aktiv; dynamisch	3 x Woche Beidseitig 3 Sätze à 45sek. Dehngrenze
Großer Rückenmuskel (M. latissimus dorsi)	Proband kniet, Gesäß wird in Richtung Fußsohlen geschoben. Arme werden nach vorne in Richtung Boden gestreckt, Finger haben Boden Kontakt, bis Dehnung im M. latissimus dorsi zu spüren ist.	Aktiv; statisch	3 x Woche 3 Sätze à 45sek. Dehngrenze
Unterer Rücken (Mm. erector spinae)	Proband liegt auf Rücken und zieht, unter Zuhilfenahme der Hände, die Knie zur Brust, bis Rücken rund wird. Schulterblätter bleiben auf dem Boden.	Passiv; statisch.	3 x Woche 3 Sätze à 45sek. Dehngrenze
Gesäßmuskulatur (M. glutaeus maximus)	Proband liegt in Rückenlage auf dem Boden. Füße werden aufgestellt. Ein Bein wird seitlich über das andere gelegt, so dass der Knöchel am Knie des aufgestellten Beins anliegt. Knie wird in Richtung Brustkorb	Passiv; statisch	3 x Woche Beidseitig 3 Sätze à 45sek. Dehngrenze

	gezogen.		
Adduktoren (M. adduktor longus, M. adduktor brevis, M. adduktor magnus)	Proband setzt sich auf den Boden, Fußsohlen werden, vor dem Körper zusammengeführt, Knie zeigen nach außen. Füße werden mit den Händen fixiert, während zeitgleich die Knie mit Hilfe der Ellenbogen langsam nach unten gedrückt werden.	Aktiv; statisch	3 x Woche 3 Sätze à 45sek. Dehngrenze
Hüftbeugemuskulatur (M. illiopsoas)	Proband liegt auf dem Rücken. Ein Bein wird ausgestreckt, das andere wird max. angewinkelt, am Knie fest umfasst und zur Brust hingezogen.	Passiv, statisch	3x Woche Beidseitig 3 Sätze à 45sek. Dehngrenze

Oberschenkelmuskulatur (M. rectus femoris)	Proband steht auf einem Bein, das andere wird max. gebeugt und am Mittelfußknochen mit einer Hand gegriffen, die andere Hand liegt an der Körperseite, des Standbeins an. Das gebeugte Bein wird langsam Richtung Gesäß gezogen, bis Dehnung spürbar ist.	Passiv; statisch	3x Woche Beidseitig 3 Sätze à 45sek. Dehngrenze
Ischiocrurale Muskulatur (M. biceps femoris, M. semitendinosus, M. semimembranosus)	Proband liegt in Rückenlage auf dem Boden. Das eine Bein liegt nach vorne getreckt auf dem Boden, Zehen zeigen zur Decke. Das andere wird mit Hilfe eines Trainingspartners, in getreckter Position, langsam Richtung Brust geführt. Der Partner Dehnt das Bein in kleinen Intervallen, bestehend aus Dehn- und Entspannungsphasen. Das Kniegelenk bleibt während der gesamten Zeit gestreckt.	Passiv; Post-isometrisch	3x Woche Beidseitig. 3 Sätze à 4sek. Dehn und 2sek. Entspannungsphase

3.1 Begründung Beweglichkeitstraining

Die im Beweglichkeitstraining angedachte Verbesserung der Schultermobilität und der Reduktion der Rückenschmerzen wird durch eine 3x wöchentliche Ausführung des Beweglichkeitstrainings angestrebt. Das Dehnen der Rotatorenmanschette und der Brustmuskulatur erfüllt eine präventive Funktion, da durch das exzessive Krafttraining über den nicht gesamten Bewegungsradius und die muskulären Dysbalancen bzw. die Vernachlässigung der Schultermobilität, die Gefahr eines Impingement-Syndroms besteht. Die in der Beweglichkeitstestung ermittelten Beweglichkeitsdefizite in den unteren Extremitäten werden als Ursache der Rückenschmerzen gesehen. Bei Einhaltung der oben aufgeführten Frequenz und Intensität des Dehnens sollten diese deutlich gelindert sein. Yogakurse können hierbei ebenfalls unterstützen. (vgl. Karen J. Sherman >et al.<, 2011, S.1). Ein Überprüfen der Übungsausführung bei Kniebeugen, Kreuzheben und Langhantelrudern korreliert mit der Zielsetzung des Beweglichkeitstrainings. Durch muskuläre Adaptionen wird immer beidseitig gedehnt.

4 Trainingsplanung Koordinationstraining

Tabelle 4: Koordinationstraining

Koordinationsübung	Beschreibung	Belastungsgefüge
KH-Drücken Flachbank alternierend	Proband legt sich mit zwei Kurzhanteln vor der Brust auf eine Flachbank. Abwechselnd werden die Hanteln kontrolliert nach oben gedrückt und kontrolliert herabgelassen. Füße stehen fest auf dem Boden, Schulterblätter werden unten gehalten und hinten zusammengezogen. Oberarm befindet sich über gesamte Übungsdauer unter 90° Abduktion.	2 x Woche 3 Sätze à 10 - 15 Wdh. 30 sek. Pause
Seitheben vorgebeugt alternierend auf Fitball	Proband legt sich mit dem Bauch auf einen Fitball, Zehen haben Bodenkontakt. Mit gestreckten Armen werden zwei Kurzhanteln abwechselnd durch heben der Arme Richtung Rücken bewegt.	Beidseitig 2 x Woche 3 Sätze à 10 - 15 Wdh. 30 sek. Pause.
Liegestütze auf Fitball	Proband nimmt Liegestütz Position auf einem Fitball ein, Füße haben Bodenkontakt. Oberkörper wird kontrolliert	2 x Woche

	durch beugen der Arme ab-gesenkt und durch Strecken der Arme wieder angehoben. Rumpf ist während gesamter Übung unter Spannung.	3 Sätze à 10 - 15 Wdh. 60 sek. Pause.
Senkrechtes einhändiges Schwingen mit Flexi-Bar.	In Schulterbreitem Stand wird eine Flexi-Bar mit einer Hand senkrecht gehalten. Der haltende Arm ist ca. 120° gebeugt, der andere liegt an der Körperseite an. Der Stab wird leicht zum Schwingen gebracht.	Beidseitig 2 x Woche
		3 Sätze à 15 - 20 sek. 30sek. Pause.
Kreuzheben unilateral	Proband greif eine Langhantel schulterbreit im Obergriff, auf der nur einseitig Gewicht aufgelegt ist. Vorgebeugt (Oberkörper ist parallel zum Boden) in hüftbreitem Stand und in leichter Hocke wird die Hantel mit gestreckten Armen, an den Beinen entlang, durch strecken der Hüfte nach oben geführt. Am höchsten Punkt, Hantel ist an Hüfte, Rücken komplett getreckt, werden die Schulterblätter leicht zusammen gezogen und die Brust herausgedrückt, LWS wird nicht überstreckt. Hantel wird langsam und kontrolliert, durch beugen der Hüfte abgelassen. Während der gesamten Übungsdurchführung ist es unabdingbar den Rücken gerade zu halten.	2 x Woche
		3 Sätze à 10 - 15 Wdh. 45 sek. Pause.

Kreuzheben mit Frontdrücken	1. Teil: s.o. 2. Teil. Proband lässt Langhantel nicht ab, sondern setzt diese durch beugen und gleichzeitiges nach oben bringen der Unterarme um, sodass diese in Schulterhöhe auf den Händen liegt. Hantel wird mit geradem Rücken und angespanntem Gesäß mit Hilfe der Schulter- und Trizepsmuskulatur über den Kopf gedrückt und kontrolliert wieder in Ausgansposition herabgelassen.	2 x Woche 3 Sätze à 10 - 15 Wdh. 60 sek. Pause.
Kniebeuge mit Langahntel auf Airex-Kissen	Proband steht Schulterbereit mit einer Langhantel auf dem Nacken, die mit Hilfe der Hände fixiert wird, auf zwei Airex-Kissen. Hüfte und Knie werden gleichmäßig gebeugt, Oberkörper wird aufrecht gehalten, Wirbelsäule neutral. Die Knie werden in Richtung Zehen geschoben und nach außen gedrückt, Fersen bleiben immer am Boden. Bevor das Becken nach vorne kippt, werden Hüfte und Knie wieder getreckt, bis Ausgangsposition erreicht ist.	2 x Woche 3 Sätze à 10 - 15 Wdh. 60 sek. Pause.
Overhead Squat mit LH	Auszuführen wie die Kniebeuge. Anstatt Hantel auf Nacken zu positionieren, wird diese mit gestreckten Armen und breitem Griff über dem Kopf gehalten.	2 x Woche 3 Sätze à 10 - 15 Wdh. 60 sek. Pause
Ausfallschritte mit LH auf Stepper	Langhantel wird wie bei der normalen Kniebeuge gehalten. Mit einem Bein wird auf	Beidseitig 2 x Woche

	einen Stepper getreten, während das andere leicht gebeugt, hinter dem Körper, in der Luft gehalten wird.	3 Sätze à 10 - 15 Wdh. 45 sek. Pause.
Overhead Lunge	Hantelposition wie bei Overhead Squat. Proband macht einen großen Schritt nach vorne, Rücken und Hüfte bleiben gerade und schiebt das Knie in Richtung Zehnspitze. Das andere Bein wird dabei gebeugt, Knie hat keinen Bodenkontakt.	Beidseitig 2 x Woche
		3 Sätze à 10 - 15 Wdh. 60 sek. Pause.

4.1 Begründung Koordinationstraining

Das Koordinationstraining des Probanden besteht aus Abwandlungen aus bereits bekannten Übungen. Schwerpunkt des Trainings ist es die Koordination und Rekrutierung der Haupt- und Hilfsmuskulatur zu verbessern, um auf Dauer Stärker zu werden (vgl. Rutherford OM, Jones DA. 1986). Insbesondere eine Verbesserung der Koordination in den Grundübungen des Unterkörpers steht im Fokus. Im Bezug auf die berufliche Tätigkeit – Lagerarbeit, des Probanden wird bei der Übungsauswahl auf eine hohe Funktionalität Wert gelegt.

5   Literaturrecherche

Tabelle 5: Literaturrecherche

	Studie 1	Studie 2
Autor	Schneider S, Schmitt H, Zalewski M, Gantz S,	Ruan, Mianfang; Zhang, Qiang; Wu, Xie
Erscheinungsjahr	2011	2017
Versuchspersonen	Schriftliche Befragung von 664 Athleten am OSP. 273 Athleten aus verschiedenen Sportarten schickten den Fragebogen ausgefüllt zurück, davon 105 männlich und 168 weiblich (Schneider S, Schmitt H, Zalewski M, Gantz S, 2011. S. 76).	12 weibliche College Athletinnen, mit mindestens 3 Jahren Trainingserfahrung (Ruan, Mianfang; Zhang, Qiang; Wu, Xie, 2017).
Versuchsaufbau	Die Athleten wurden bezüglich Ihrer individuellen Einstellung zu Dehnübungen und deren tatsächlicher Anwendung in der täglichen Praxis befragt. Der Fragewortlaut der individuellen Einstellung lautete: „In meiner Disziplin schützen adäquate Dehnübungen grundsätzlich vor Verletzungen" und „Mich persönlich schützen adäquate Dehnübungen grundsätzlich vor Verletzungen" Im Falle des Praxisbezugs wurde die Frage wie folgt gestellt: „Ich mache Dehnübungen vor bzw. während des Trainings" respektive „Ich mache Dehnübungen vor bzw. während des Wettkampfes oder Spiels." (Schneider S, Schmitt H, Zalewski M, Gantz S,	Die Athletinnen führten Stopjumps und 180° cutting Übungen unter 2 verschiedenen Konditionen aus: 1. Warm-up mit 4 x 30sek. Dehnung der Ischiocrural Muskulatur statisch. 2. Warm up ohne Dehnen. Drei Dimensionale Kinematik und Kinetik Daten sowie EMG Messungen des M. biceps femoris, M. rectus femoris, M. vastus medialis und des M. gastrocnemuis medialis wurden gesammelt.

	2011. S. 76).	
Ergebnisse	68% der befragten Leistungssportler sehen Dehnen grundsätzlich und auch persönlich als Verletzungsprophylaktisch an. 75% der Athleten dehnen im Training sowie im Wettkampf, hauptsächlich in der Leichtathletik und im Ballsport. Im Gegensatz dazu verzichten 29% der Gewichtheber und 34% der Schwimmer auf Dehnen. 74% der Athleten fühlen sich nicht ausreichend über sportwissenschaftliche Entwicklungen und disziplinspezifische Empfehlungen informiert (Schneider S, Schmitt H, Zalewski M, Gantz S, 2011. S. 75).	Statisches dehnen der Ischiocrural Muskulatur erhöhte die Sprungkraft um 5.1%, hatte aber keinen Einfluss auf die Startgeschwindigkeit der cutting Übung. Desweitern wurden keine Veränderungen der Knie Adduktion oder Scherkräfte im Schienbein festgestellt. Das Dehnen reduziert die seitlichen Scherkräfte während des cuttings im Schienbein. Die Leistung von stop-jumps wird durch die Dehnung, aufgrund der verminderten co-Kontraktion in M quadriceps femoris und M. biceps femoris, erhöht. Es besteht kein erhöhtes Risiko für eine Verletzung des vorderen Kreuzbandes während stop-jumps oder cutting Übungen.

6 Bibliographie

Eifler, C. (2016). *Studienbrief Trainingslehre III.*
Saarbrücken. Deutsche Hochschule für Prävention und Gesundheitsmanagement

Rutherford OM, Jones Da. (1986). The role of learning an coordination in strenght training. European Journal of applied physiology. Zugriff am 07.05.2017 unter: https://www.ncbi.nlm.nih.gov/pubmed/3698983

Schneider S, Schmitt H, Zalewski M, Gantz S. (2011). *Dehnst du noch oder grübelst du schon? - Aktuelle Daten zu Akzeptanz und Verbreitung von Stretching im Leistungssport.* Deutsche Zeitschrift für Sportmedizin. Zugriff am 07.05.2017 unter: http://www.zeitschriftsportmedizin.de/fileadmin/content/archiv2011/heft03/pdf_3_2 011/kurzbeitrag_schneider.pdf

Ruan, Mianfang; Zhang, Qiang; Wu, Xie. (2017). *Acute Effects of Static Stretching of Harmstring on Performance an Anterior Cruciate Ligament Injury Risk During Stop-Jumps and Cutting Tasks in Female Athletes.* Journal of Strength & Conditioning Research. Zugriff am 07.05.2017 unter: http://journals.lww.com/nsca-jscr/Fulltext/2017/05000/Acute_Effects_of_Static_Stretching_of_Hamstring_on.11.a spx

7 Tabellenverzeichnis

BEI GRIN MACHT SICH IHR WISSEN BEZAHLT

- Wir veröffentlichen Ihre Hausarbeit, Bachelor- und Masterarbeit

- Ihr eigenes eBook und Buch - weltweit in allen wichtigen Shops

- Verdienen Sie an jedem Verkauf

Jetzt bei www.GRIN.com hochladen und kostenlos publizieren